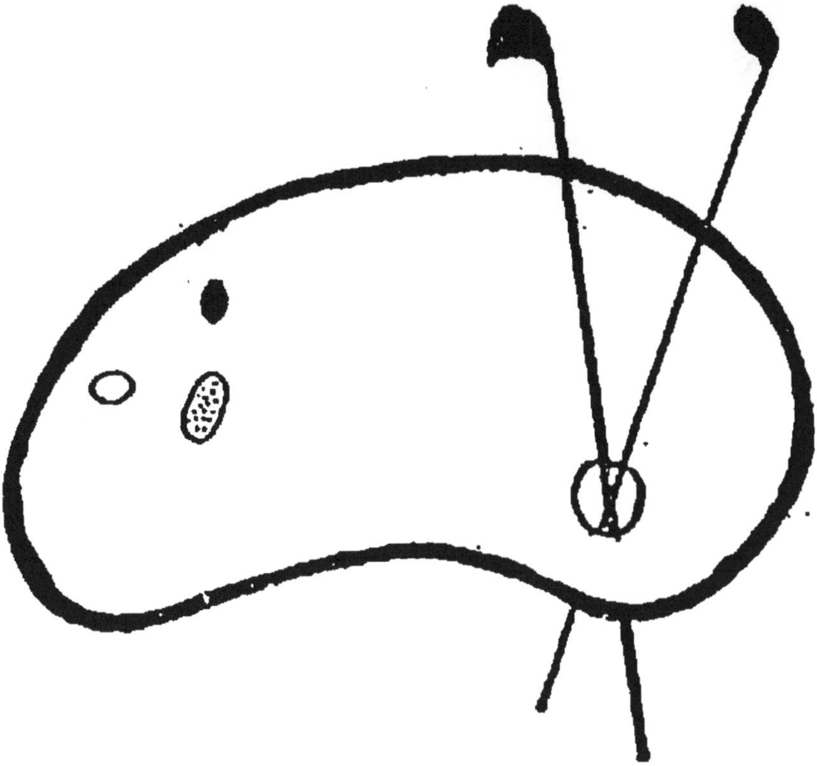

L'AMOUR VAINCRA !

RELÈVEMENT

17, rue Trajan, 17

à NIMES

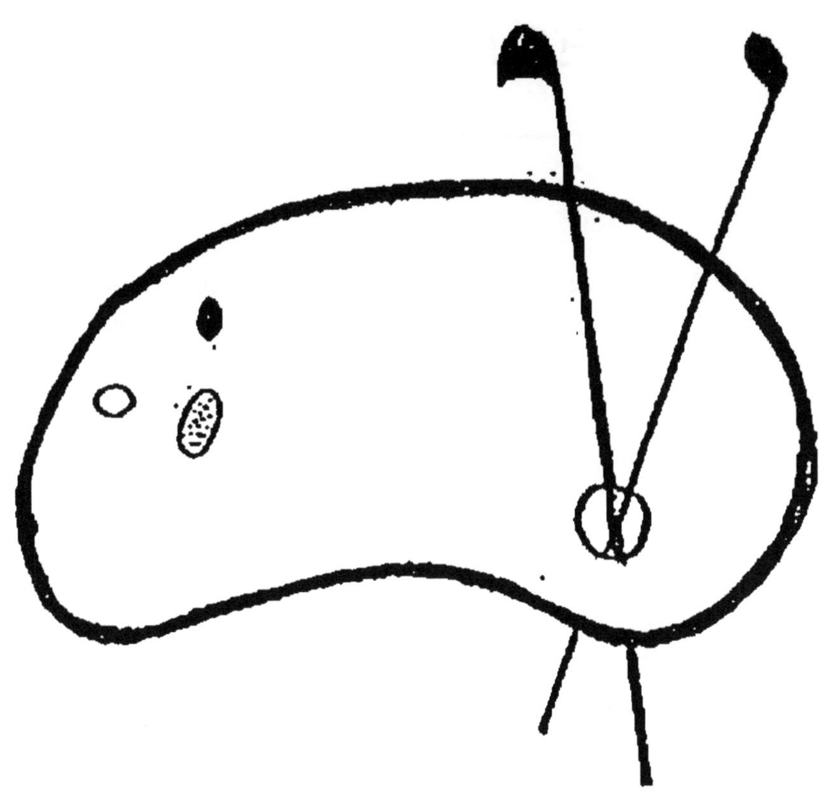

FIN D'UNE SERIE DE DOCUMENTS
EN COULEUR

RÈGLEMENT

ARTICLE I.

La Maison de Relèvement est destinée aux jeunes filles tombées, résolues à entrer dans la voie du bien. Nous n'admettons que les volontaires.

ART. II.

Aucune fille ne saurait être admise sans avoir rempli nos formulaires.

ART. III.

Elle doit avoir une intelligence suffisante pour comprendre le salut et être capable de gagner sa vie au sortir du Relèvement.

ART. IV.

Toute lettre écrite ou reçue doit passer sous les yeux d'une officière.

ART. V.

Nous n'acceptons pas les jeunes filles en voie de devenir mères.

MAISON DE RELÈVEMENT

A NIMES

Comment nous fûmes contraints de l'ouvrir.

C'était devenu une nécessité. Dans nos visites, nos réunions, dans les cafés, nous en rencontrions de ces pauvres jeunes filles ! Que faire pour elles ? Leur témoigner notre amour, essayer de les convaincre de péché, les sortir de leur milieu. Pour cela nous n'avions pas de foyer à leur offrir. Au seul nom de « refuge » elles se ressaisissaient, refusant de s'enfermer.

Une maison bien administrée, une vie de famille, voilà ce qu'il fallait avoir pour toute âme désireuse de rompre avec le péché.

En attendant, et pour faire face aux plus pressants

besoins, nous organisâmes une chambre hospitalière, et notre amie, Mme Ruel, voulut bien prendre sous sa garde les jeunes filles qui consentiraient à y venir.

C'est là que nous les recevions une à une, soignant au dehors celles que nous ne pouvions y retirer.

Œuvre insuffisante, système défectueux ; les habitudes de travail, d'obéissance, d'ordre et de méthode hors desquelles il n'est pas de relèvement possible, faisaient défaut. Il fallait pour réussir, une vie de famille un « home », sur le modèle de ceux que l'*Armée du Salut* possède en si grand nombre dans d'autres pays et qui ont obtenu de si remarquables résultats. Nous nous mîmes donc à la recherche d'une petite maison. Il semblait que Dieu en avait préparé une pour nous. Cette maison, située près de la Fontaine, peut contenir quinze jeunes filles. Les moyens de l'*Armée du Salut* sont différents de ceux généralement employés dans les établissements de ce genre :

Nous laissons une grande liberté à nos filles ; portes et fenêtres demeurent ouvertes durant le jour ; nos jeunes filles sont envoyées au dehors pour faire des commissions, et je suis heureuse de dire qu'elles ont rarement trompé notre confiance.

Point de règles affichées, donnant à la maison l'air d'un couvent. *L'Amour*, tel est le premier et le dernier mot de notre discipline. Elles obéissent parce qu'elles aiment, et elles aiment parce qu'elles sont aimées.

Nos jeunes filles nous sont envoyées de divers côtés : tantôt par l'officière d'un corps, tantôt par des amis. Au moment où nous écrivons ces lignes, plusieurs nous arrivent de Paris, qui ont été rencontrées de Dieu dans un de nos postes de la Capitale, particulièrement à la « Salle Auber », et que la Major Schindler a envoyées en s'aidant, pour les frais de voyage, du concours de quelques amis. Si, parmi les lecteurs de ce rapport, quelqu'un se trouvait en présence d'un cas intéressant, nous l'invitons, de la part du Seigneur, à nous le signaler et à nous ménager ainsi l'occasion de retirer une âme du bourbier du péché.

Sur 23 jeunes filles venues l'année dernière, *10* environ sont en bonne voie ; *5* sont retournées au péché, mais toutes ont reçu un plomb dans l'aile et ne peuvent plus voler librement comme autrefois. Le souvenir de la maison les poursuit, elles ne peuvent se passer de nos nouvelles. « Plutôt que d'être privée de vos lettres, m'écrivait l'une d'elles, je retournerai à une vie honnête. Impossible de vivre sans savoir ce que vous faites. »

Durant l'année écoulée, nous avons eu une moyenne de sept pensionnaires; notre nombre n'a pas dépassé onze; mais il s'est trouvé aussi en dessous de sept.

Le Seigneur a merveilleusement pourvu à nos besoins tant spirituels que matériels ; Il a promis d'accorder à ses enfants dans leur travail Sa sagesse, Son discernement, Son amour, Sa foi ; et nous devons dire à Sa gloire que, sous ce rapport, il nous a remarquablement soutenues. Après une année de luttes nous sentons nos forces spirituelles décuplées, et notre âme comme jamais ouverte à l'espérance en faveur de cette classe malheureuse que le monde méprise, mais que nous cherchons pour sauver. Nous ne faisons pas de distinction entre une fille tombée et un orgueilleux, un avare, un égoïste. On a l'habitude de considérer tel péché comme étant plus hideux que tel autre. Dieu ne juge point ainsi, il ne fait pas de classification, sinon pour les pharisiens hypocrites. Nous n'en faisons pas non plus. Une âme a besoin du salut comme une autre âme, et pour un grand comme pour un petit péché, il faut le sang de Christ. Avec les âmes qui se livrent, Dieu fait des miracles, nous en avons été les témoins reconnaissants.

Les pires sont devenues les meilleures, et la puissance de Dieu a été magnifiée !

Lorsque le cœur est changé, la vie, l'extérieur le sont aussi.

« Je ne la reconnaissais plus, me disait une amie, en revoyant une de nos jeunes filles qu'elle nous avait adressée quelques mois auparavant ; elle est propre, son visage est tout éclairé ; elle est vraiment transformée. » C'est la grâce de Dieu qui a fait cela !

Que de diamants salis par le péché et foulés aux pieds par les hommes, qui étaient destinés à refléter dans ce monde la pure lumière de Dieu.

Seigneur, aide-nous à les trouver !

***

Notre but.

Notre but est de sauver ce qu'il est convenu d'appeler les « filles perdues ». Elles ne seront relevées que si elles sont sauvées, et sauvées ne veut pas dire seulement retirées de l'océan du péché, mais aussi mises à l'abri du mal, délivrées du péché, le prenant en horreur. Nous n'avons de sécurité qu'en un plein salut ; celles qui restent à mi-chemin retournent en arrière après nous avoir donné les plus belles espérances. Toute fille venue chez nous a été rencontrée par Dieu. Elle a senti que le bonheur se trouve dans le bien ; une lueur a lui sur son sentier.

« Je puis devenir bonne, » s'est-elle dit, son cœur a frémi de joie, et par un acte de volonté elle s'est lancée sur le chemin du salut....

Aussitôt le démon se met à sa poursuite, essayant de la décourager. « Quelle triste vie que la tienne ! Regarde plutôt ! » et les tableaux les plus enchanteurs de passer sous ses yeux. La pauvre âme hésite d'abord ; si elle n'est pas résolue en son cœur, elle est perdue.

Mon Dieu ! fortifie la volonté de nos filles !

*
* *

Comment y arriver ?

C'est toute une éducation à refaire ; la plupart ont été élevées sans principes comme sans méthode.

Former leur conscience, les placer sous une douce autorité, leur faire goûter la joie du travail, d'une vie utile et remplie, telles sont les conditions essentielles au salut.

Nécessairement nos filles sont ramenées au devoir en étant ramenées à Dieu. Elles pourront alors sortir de chez nous pour occuper une position honorable et vivre de leur travail.

Nous n'avons pas un temps de stage fixe ; néanmoins il nous semble qu'au bout de six mois une fille qui veut ouvrir son cœur à la vérité, et par Dieu se laisser affranchir, peut sortir de notre maison pour entrer en place.

A nos amis de nous aider à ce moment en les prenant à leur service. Lorsque nous recommandons une fille, c'est qu'elle est recommandable.

***

Un coup d'œil sur la maison.

Dans la partie supérieure et à l'arrière de la maison se trouve notre ouvroir, à la longue table oblique des deux côtés afin de ménager la lumière à chacune ; tout autour nos ouvrières sont occupées à coudre, tandis qu'une ou deux officières dirigent le travail. De temps à autre un cantique est entonné pour donner cours au grand besoin d'expansion qu'ont nos jeunes filles ; ou bien, c'est quelquefois une lecture à haute voix ; mais le travail est parfois si pressant que seul le bruit de l'aiguille devrait se faire entendre dans le silence.

Tout à côté de l'ouvroir vous trouveriez, plusieurs fois par semaine, l'une d'elles, empilant du linge bien lissé, depuis la chemise d'homme jusqu'au plus fin rideau ; elle peut tout faire et c'est pour la maison une source de gain.

En bas, une autre est consacrée aux soins du ménage. Et toutes, de 7 heures du matin à midi, puis de 2 heures à 7 heures, ont leur temps bien pris, ce qui est essentiel pour éviter le vague et l'ennui. Elles y échappent toujours si leur temps est employé, et plusieurs trouvent un réel intérêt à aider la maison.

Si le travail ne prime pas tout chez nous, il n'est point relégué à l'arrière plan, car il est notre sauvegarde en même temps qu'un moyen de nous venir en aide.

*
* *

Cas préventifs.

Notre maison destinée aux personnes tombées s'ouvre néanmoins à d'autres et nous avons eu quelques cas préventifs.

Mieux vaut prévenir que corriger, préserver que relever. Par la bonté de Dieu, nous avons pu sauver quelques jeunes filles de la chûte en leur ouvrant notre maison.

A était orpheline ; livrée à elle-même durant le jour, son père la conduisait le soir au café. La capitaine Thut s'intéressa à elle, la plaça chez des amis qui, malgré tout leur amour, ne la purent garder.

Il fallait la former au service, développer son sens moral et nous la prîmes au Relèvement.

B., désespérée, vint chez nous ; les premières semaines furent terribles, au point que je me demandai si, en conscience, je devais la garder. Mes efforts pour la placer ailleurs furent vains ; impossible de la mettre à la rue : « Diabolique, chargée dans ma conscience, je cherchais à descendre toujours plus bas », m'a-t-elle dit depuis. Elle n'y réussit pas, le Saint-Esprit s'empara d'elle pour la juger.

Elle confessa, répara son passé ; ce fut long et douloureux ; mais la victoire lui fut donnée. Aujourd'hui, elle est sauvée. Elle m'écrivait la semaine dernière : « Mon plus intense désir c'est d'être sanctifiée. » Dieu a changé sa tristesse en joie, gloire soit à Son nom !

C. n'a que 17 ans ; c'est une riche nature, passionnée et inconstante ; seul l'Esprit de Dieu peut en avoir raison. « Mentir m'était naturel et je ne sais pas encore dire la vérité » ; me disait-elle ; « mais depuis que je suis au « Relèvement, » mon âme est chargée lorsque je mens. » Béni soit Dieu ! lui dis-je, Son esprit qui vous condamne quand vous péchez, vous délivrera du mal ; réclamez Sa délivrance et recevez-la. « *Il peut sauver parfaitement ceux qui s'approchent de Dieu par Lui.* »

***

Autres cas intéressants.

On se demande comment D. a pu tomber, car elle n'est certes pas légère. C'est une brave et excellente fille ; à peine arrivée chez nous elle crut en Jésus pour son salut, et n'a pas varié depuis. Elle est bien placée, et satisfait ses maîtres.

E. est aussi placée ; c'est une chère fille d'un caractère faible, mais que Dieu a relevée, et gardera sauvée. Elle m'écrit : « Si l'ennui s'empare de moi je chante nos beaux cantiques et je prie toute seule. Dites à mes compagnes qu'elles sont privilégiées d'avoir ces bons cultes du matin. Je me joins souvent à vous par la pensée. » Nos chères filles aiment la maison et s'aiment aussi entre elles.

Durant trois semaines ou un mois le cœur de **F.** fut ailleurs qu'avec nous, au point que je lui signifiai un matin de quitter notre « home », puisqu'elle regrettait le milieu qu'elle avait abandonné. Elle télégraphia pour recevoir l'argent du voyage afin de retourner d'où elle était venue. Par une de ces miséricordieuses dispensations de Dieu, qui font comme toucher du doigt sa tendre Providence, la dépêche n'ayant pas trouvé la personne à qui elle était destinée lui revint. La voix de Dieu se fit entendre à son âme. Elle rompit avec son passé et fut sauvée ; elle reçut la force de résister à la tentation bien que la porte fut ouverte, lorsque son correspondant vint la trouver à Nimes. Elle est aujourd'hui en place et fait une femme de chambre appréciée.

De glorieuses victoires nous sont encore réservées,

nous croyons au complet relèvement des tombées, et avons la foi que nous verrons de grandes choses.

Aidez-nous, chers amis, et de vos prières et de vos dons. Le fardeau financier est souvent lourd, vous pouvez l'alléger.

Peut-être êtes-vous de ceux qui n'aiment pas beaucoup l'*Armée du salut* en général, ayant reçu une idée érronée de ses principes et de ses méthodes, mais vous ne nous refuserez pas votre sympathie pratique lorsqu'il s'agit de porter secours à cette classe dont la misère réclame l'intérêt de tous ceux qui invoquent le nom de Christ !

Ceux qui veulent bien répondre à cet appel, sont priés de m'envoyer leurs dons « 17, rue Trajan », ou de se joindre à notre « Ligue du Relèvement » dont la souscription est de *cinq francs par mois, ou de soixante francs par an.*

Bien cordialement à vous au service des perdus.

Adèle EYMANN.

17, rue Trajan, Nimes.
Février 1892.

Balance

du 1er septembre 1890 au 31 août 1891

Dons, souscriptions et collectes	8.037 65	Frais d'installation	830 55
Produit du travail exécuté dans la maison	891 75	Ameublement	2.924 15
Avancé par une amie	170	Vêtements et linge pour les officières et pour nos filles.	282 55
		Remèdes	105 45
		Eclairage et chauffage	341 25
		Papeterie et frais de correspondance	414 80
		Loyer et contributions	948 15
		Voyage de nos filles et frais d'autres déplacements	237 05
		Nourriture	3.002 65
		En caisse	12 80
	9.099 40		9.099 40

Le Vérificateur
Sergent-Major trésorier,
PONS Emile.

La Secrétaire : A. EYMANN.
La Capitaine : O. B. THUT.

LIGUE DU RELÈVEMENT

Au mois de janvier 1891 nous avons formé une association dite « *Ligue du Relèvement* ; » elle est composée de personnes qui, s'intéressant à l'œuvre spéciale que nous poursuivons, s'engagent à nous fournir une souscription mensuelle.

Sont actuellement membres de cette Ligue :

M[r] et Mme Pons.
M[r] et Mme Minault.
Mr Paul Peyron.
Me E. Bruneton.
Mr Ernest Favre.
Les Cap. d'E.-M. Peyron-Roussel.
Mlle Eymann.
Mr Sanier.
Mr Jules Roussel.
Mmes Sandeman.
Mlle Antoinette Peyron.
Mlle Ponvert.
Mlle Charuaud.
Mme Gonin.
Mme Graverol.
M[r] de St-Georges.
Miss Trotter.
Mr Faure.
Mlle Metger.
Mme F. Bruneton.
Mme Ausset.

DONS ET COLLECTES

Juillet.......	En caisse resté de l'Œuvre de Relèvement provisoire (vente de meubles de Mme de W.)............................	380
	Mlle Humbert.........................	50
Août........	M. A. Peyron......	100
	M. E. Peyron......................... ..	20
	M. P. Peyron..........................	20
	M. Rochefort..........................	3
	Mme T...............................	10
	Anonymes	3 50
	M. Bastide...........................	5
	M. Molignier........	5
	Anonyme......	50
	Mme Graverol.........................	20
	Anonyme..............................	5
	Anonyme..............................	3
	Mlle A. Peyron................... ...	5
	Mlle Ponvert..........................	10
	Anonyme..............................	200
	»	5
	M. Eymann............................	10
	M. Neel	2
	M. Meyer.............................	20
	Cap. Peyron	100
	Mlle Nougarède........................	3
	M. Roque............	2
	M. Deschamps.........................	8
	M. Bétrine............................	10
	Anonyme..............................	3
	G. Peyron	10
	M. Lacroix............................	10
	M. Debroas............................	3
	Mlle L. Renaud	5
	A reporter...	1.080 50

	Report	1.080 50
	M. Theule	2
	M. Combe	5
	M. Payraube	20
	M. Pons	5
	Mme Dide	6
Septembre ..	M. Whelpton	25
	M. Guignard	20
	M. Giral	8
	M. Robertson	75
	M. Bigot	8
	Anonyme	2
	M. C. Ducousso	3
	M. Lange	2 50
	M. Minault	25
	M. Bigot	5
	M. Audéoud	50
	Mme Delord	5
	Anonyme	2
	»	2
	M. Bouzon	4
	M. Peyron	20
	Anonyme	5
	M. Alméras	2
	Anonyme	4
	M. Audéoud	200
	Miss Trotter	50
	M. Saint-Pierre	2
	Anonyme	3
	»	5
	Tronc	2
	M. Eymann	5
	M. Sanier	25
	Tronc	6
	M. Gilly	2
	M. Teisserès	10
	M. Delord	2
Octobre.....	M. Sicard	2
	M. E. Pons	5
	M. P. Peyron	2
	M. E. Bruneton	25
	Miss Trotter	15
	Tronc	2 15
	A reporter	1.749 15

	Report..................	1.749	15
	Marie..............................	3	
	Pauline..............................	2	
	Anonyme..............................	3	
	»	5	
	Lafont..............................	5	
	Anonyme..............................	5	
	M. Perrier..............................	40	
	Tronc..............................	2	50
	Anonyme..............................	3	
	Tronc..............................	7	
	M. Minault..............................	5	
	M. Peyron..............................	150	
	Mlle Georg..............................	30	
	Anonyme..............................	7	
	M. Peyron..............................	1.000	
	M. Dufour..............................	15	
	Tronc..............................	2	90
	Anonyme..............................	2	
Novembre...	M. E. Pons..............................	5	
	M. J. Roussel..............................	20	
	Par M. Cuche..............................	53	
	Anonyme..............................	23	
	Tronc..............................	3	60
	Mlle Vidart..............................	15	50
	M. Gilly..............................	2	
	M. Peyron..............................	35	
	Anonyme..............................	5	
	Cap. Vidart..............................	3	
	Tronc..............................	8	25
	M. Peyron..............................	10	
	M. Guiraud de Badet..............................	10	
	Anonyme..............................	8	35
	»	3	
	»	2	
	Tronc..............................	22	
	Mlle Perroux..............................	5	
	M. Pagnani..............................	100	
	Mlle A. Peyron..............................	3	
	M. Pons..............................	5	
	M. Welpton..............................	30	
	Mme Jourdan..............................	5	
	Une amie..............................	5	
	A reporter..................	3.418	25

	Report	3.418 25
	Mme de Gingins	200
	Tronc	1 75
Décembre...	M. Valès	20
	M. Pons	5
	Collecte du Mas de la Ville	5
	Mme veuve Pons	2 50
	Collecte de Montpellier	155 50
	Mme Minault	5
	Tronc	15 50
	M. Loup	20
	Une amie	5
	Collecte de Nimes	180
	M. Theule	2
	Anonyme	20
	Tronc	2
	Collecte de la réunion	9
	Par Eveline et Zulma	6
	» Pauline et Célina	25
	» Mlle Léa Pons	16
	» Mlle Sanier	8
	» Mlle Peyron	23
	Mme Ruel	3
	Collecte de Nimes	11
	Miss Trotter	50
	M. Valz	3
	Par Mlles Roux et Lange	5
	Anonyme	50
	M. le Comte de Korff	20
	M. Peyron	20
	Une veuve	5
Janvier 1891	M. Guignard	20
	M. Gonin	20
	Mme Minault	5
	M. Pons	5
	M. Peyron	5
	Mme Peyron	5
	M. Roussel	20
	M. Dardier	15
	Tronc	2 70
	Une amie	5
	M. Fortman	17
	Anonyme	3
	A reporter	4.434 20

	Report	4.434	20
	M. Peyron	20	
	Tronc	1	50
	Produit d'une vente de meubles	25	
	Anonyme	3	50
	L'adjudant Peyron	60	
	Produit d'une vente de meubles	25	
	» »	12	
	Anonyme	3	
	M. Welpton	35	
	M. G. Castelnau	20	
	M. Pairaube	10	
	M. V. Lombard	25	
	Tronc	5	
	»	3	
Février	Collecte de Saint-Hippolyte	56	50
	» du Vigan	75	
	Anonyme	50	
	»	5	
	Un ami	5	
	Tronc	2	
	M. le colonel de Perrot	20	
	M. Eymann	2	
	Mlle A. Peyron	2	50
	Tronc	2	05
	Un ami	5	
	Capitaine Vidart	5	
	Anonyme	2	50
	»	3	
	Tronc	2	75
	Mme Aurillon	2	
	Tronc	10	
	M. Peyron	100	
	Anonyme	5	
	Tronc	2	50
Mars	Mme Delord	3	
	Anonyme	3	
	Deux amies	5	
	Mlle de Büren	20	
	Tronc	1	
	M. Félix Bovet	25	
	Anonyme	3	
	»	3	
	A reporter	5.103	00

	Report	5.103 00
	Mme Bois-de-chêne	10
	M. Benz	20
	Tronc	2 80
	»	1 40
	Produit d'une vente de couverture	3
	L'église de Saint-Christol	20
	M. Peyron	25
	Tronc	2 20
Avril	Une amie	5
	Tronc	4 60
	Produit d'une vente de meubles	25
	Anonyme	10
	Tronc	3
	M Cuche	10
	Dons divers	4 90
	M. Peyron	50
	Tronc	2 05
	M. Guitard	5
	Une amie	3
Mai	Tronc	1 40
	M. Roumengou	10
	Collecte Vauvert	30
	Tronc	0 70
	Mlle Blundell	50
	M. Peyron	100
	Anonyme	3
	Mlle Combe	5
	Tronc	2 50
	Collecte d'Anduze	20
	» St-Jean-du-Gard	46
	Mlle Blundell	35
Juin	Collecte Cette et Montpellier	25
	» Montpellier	51
	» Marseille	50
	M. Peyron	150
	Anonyme	5
	M. Audéoud	50
	Anonyme	4
	Collecte Sauve	31 25
	» Ganges	60 50
	Mme Aurillon	2
Juillet	Tronc	2
	A reporter	6.053 30

	Report..............	6.053 30
	Anonyme..............................	3
	M. Peyron..............................	50
	Tronc..............................	2
	Deux amis de Ganges..............................	2
	M. Faure..............................	1
	M. Gonnet..............................	20
	Anonyme..............................	50
	»	5
	»	1
Août..........	»	2
	»	3
	Tronc..............................	1
	M. Peyron..............................	100
	Mlle Ponge..............................	2
	Mlle Giraud..............................	5
	Mme Lacroix..............................	5
	Anonyme..............................	4
	Plusieurs amis..............................	9
	Anonyme..............................	10
	»	24
	»	5
	L'église de St-Christol..............................	25
	Anonyme..............................	5
	Mlle Georg.	20
	M. Peyron (pour loyer)..............................	825
		7.232 30
Souscriptions de la Ligue..............................		779 35
Bénéfices de la caisse des étoffes..............................		26
		8.037 65

Nîmes. — Typ. F. Chastanier, 12, Rue Pradier.

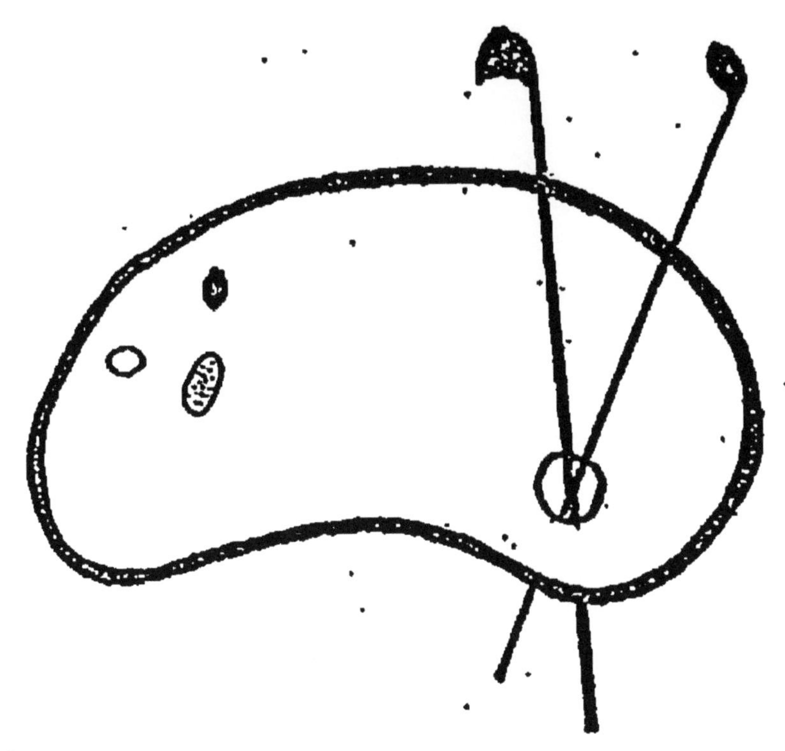

www.ingramcontent.com/pod-product-compliance
Ingram Content Group UK Ltd.
Pitfield, Milton Keynes, MK11 3LW, UK
UKHW020529230726
13925UKWH00005B/2258